BwaldG - Gesetz zur Erhaltung des Waldes und zur Förderung der Forstwirtschaft (Bundeswaldgesetz)

Impressum

© GROELSV – Verlag, Hans-Much-Weg 14, 20249 Hamburg, Telefon: 040/ 32030598; - Redaktion GROELSV

Wir sind bemüht, ein ansprechendes Produkt zu gestalten, dass vernünftigen Ansprüchen an das Preis/Leistungsverhältnis gerecht wird. Buchbewertungen, z. B. über den Distributor Amazon sind ausdrücklich erwünscht. Konstruktive Anregungen nutzen wir gerne, um künftige Auflagen zu ergänzen und anzupassen.

1

Inhaltsverzeichnis

Gesetz zur Erhaltung des Waldes und zur Förderung der
Forstwirtschaft (Bundeswaldgesetz)

-

BWaldG

Ausfertigungsdatum: 02.05.1975

"Bundeswaldgesetz vom 2. Mai 1975 (BGBl. I S. 1037), das zuletzt durch Artikel 1
des Gesetzes vom 31. Juli 2010 (BGBl. I S. 1050) geändert worden ist"

Stand: Zuletzt geändert durch Art. 1 G v. 31.7.2010 I 1050

<u>Erstes Kapitel</u>
<u>Allgemeine Vorschriften</u>

-

§ 1 Gesetzeszweck

Zweck dieses Gesetzes ist insbesondere,

1.

   den Wald wegen seines wirtschaftlichen Nutzens (Nutzfunktion)

   und wegen seiner Bedeutung für die Umwelt, insbesondere für die

   dauernde Leistungsfähigkeit des Naturhaushaltes, das Klima, den

   Wasserhaushalt, die Reinhaltung der Luft, die Bodenfruchtbarkeit,

   das Landschaftsbild, die Agrar- und Infrastruktur und die Erholung

   der Bevölkerung (Schutz- und Erholungsfunktion) zu erhalten,

   erforderlichenfalls zu mehren und seine ordnungsgemäße

   Bewirtschaftung nachhaltig zu sichern,

2.

   die Forstwirtschaft zu fördern und

3.

4

einen Ausgleich zwischen dem Interesse der Allgemeinheit und den Belangen der Waldbesitzer herbeizuführen.

-

§ 2 Wald

(1) Wald im Sinne dieses Gesetzes ist jede mit Forstpflanzen bestockte Grundfläche. Als Wald gelten auch kahlgeschlagene oder verlichtete Grundflächen, Waldwege, Waldeinteilungs- und Sicherungsstreifen, Waldblößen und Lichtungen, Waldwiesen, Wildäsungsplätze, Holzlagerplätze sowie weitere mit dem Wald verbundene und ihm dienende Flächen.

(2) Kein Wald im Sinne dieses Gesetzes sind

1.

Grundflächen auf denen Baumarten mit dem Ziel baldiger Holzentnahme angepflanzt werden und deren Bestände eine Umtriebszeit von nicht länger als 20 Jahren haben (Kurzumtriebsplantagen),

2.

Flächen mit Baumbestand, die gleichzeitig dem Anbau landwirtschaftlicher Produkte dienen (agroforstliche Nutzung),

3.

mit Forstpflanzen bestockte Flächen, die am 6. August 2010 in dem in § 3 Satz 1 der InVeKoS-Verordnung vom 3. Dezember 2004 (BGBl. I S. 3194), die zuletzt durch Artikel 2 der Verordnung vom 7. Mai 2010 (eBAnz AT51 2010 V1) geändert worden ist, bezeichneten Flächenidentifizierungssystem als landwirtschaftliche Flächen erfasst sind, solange deren landwirtschaftliche Nutzung andauert und

4.

in der Flur oder im bebauten Gebiet gelegene kleinere Flächen, die mit einzelnen Baumgruppen, Baumreihen oder mit Hecken bestockt sind oder als Baumschulen verwendet werden.

(3) Die Länder können andere Grundflächen dem Wald zurechnen und Weihnachtsbaum- und Schmuckreisigkulturen sowie zum Wohnbereich gehörende Parkanlagen vom Waldbegriff ausnehmen.

-

§ 3 Waldeigentumsarten

(1) Staatswald im Sinne dieses Gesetzes ist Wald, der im Alleineigentum des Bundes, eines Landes oder einer Anstalt oder Stiftung des öffentlichen Rechts steht, sowie Wald im Miteigentum eines Landes, soweit er nach landesrechtlichen Vorschriften als Staatswald angesehen wird.

(2) Körperschaftswald im Sinne dieses Gesetzes ist Wald, der im Alleineigentum der Gemeinden, der Gemeindeverbände, der Zweckverbände sowie sonstiger Körperschaften des öffentlichen Rechts steht; ausgenommen ist der Wald von Religionsgemeinschaften und deren Einrichtungen, sowie von Realverbänden, Hauberggenossenschaften, Markgenossenschaften, Gehöferschaften und ähnlichen Gemeinschaften (Gemeinschaftsforsten), soweit er nicht nach landesrechtlichen

Vorschriften als Körperschaftswald angesehen wird.

(3) Privatwald im Sinne dieses Gesetzes ist Wald, der weder Staatswald noch Körperschaftswald ist.

-

§ 4 Waldbesitzer

Waldbesitzer im Sinne dieses Gesetzes sind der Waldeigentümer und der Nutzungsberechtigte, sofern dieser unmittelbarer Besitzer des Waldes ist.

Zweites Kapitel
Erhaltung des Waldes

-

§ 5 Vorschriften für die Landesgesetzgebung

Die Vorschriften dieses Kapitels sind Rahmenvorschriften für die Landesgesetzgebung. Die Länder sollen innerhalb von zwei Jahren nach dem Inkrafttreten dieses Gesetzes den Bestimmungen dieses Kapitels entsprechende Vorschriften einschließlich geeigneter Entschädigungsregelungen erlassen oder bestehende Vorschriften anpassen.

Abschnitt I
Forstliche Rahmenplanung und Sicherung der Funktionen des Waldes bei Planungen und Maßnahmen von Trägern öffentlicher Vorhaben

-

§§ 6 und 7 (weggefallen)

-

§ 8 Sicherung der Funktionen des Waldes bei Planungen und Maßnahmen von Trägern öffentlicher Vorhaben

Die Träger öffentlicher Vorhaben haben bei Planungen und Maßnahmen, die eine Inanspruchnahme von Waldflächen vorsehen oder die in ihren Auswirkungen Waldflächen betreffen können,

1.

die Funktionen des Waldes nach § 1 Nr. 1 angemessen zu berücksichtigen;

2.

die für die Forstwirtschaft zuständigen Behörden bereits bei der Vorbereitung der Planungen und Maßnahmen zu unterrichten und anzuhören, soweit nicht nach diesem Gesetz und sonstigen Vorschriften eine andere Form der Beteiligung vorgeschrieben ist.

Abschnitt II
Erhaltung und Bewirtschaftung des Waldes, Erstaufforstung

-

§ 9 Erhaltung des Waldes

(1) Wald darf nur mit Genehmigung der nach Landesrecht zuständigen Behörde gerodet und in eine andere Nutzungsart umgewandelt werden (Umwandlung). Bei der Entscheidung über einen Umwandlungsantrag

sind die Rechte, Pflichten und wirtschaftlichen Interessen des Waldbesitzers sowie die Belange der Allgemeinheit gegeneinander und untereinander abzuwägen. Die Genehmigung soll versagt werden, wenn die Erhaltung des Waldes überwiegend im öffentlichen Interesse liegt, insbesondere wenn der Wald für die Leistungsfähigkeit des Naturhaushalts, die forstwirtschaftliche Erzeugung oder die Erholung der Bevölkerung von wesentlicher Bedeutung ist.

(2) Eine Umwandlung von Wald kann auch für einen bestimmten Zeitraum genehmigt werden; durch Auflagen ist dabei sicherzustellen, daß das Grundstück innerhalb einer angemessenen Frist ordnungsgemäß wieder aufgeforstet wird.

(3) Die Länder können bestimmen, daß die Umwandlung

1.

keiner Genehmigung nach Absatz 1 bedarf, wenn für die Waldfläche auf Grund anderer öffentlich-rechtlicher Vorschriften rechtsverbindlich eine andere Nutzungsart festgestellt worden ist;

2.

weiteren Einschränkungen unterworfen oder, insbesondere bei Schutz- und Erholungswald, untersagt wird.

-

§ 10 Erstaufforstung

(1) Die Erstaufforstung von Flächen bedarf der Genehmigung der nach Landesrecht zuständigen Behörde. Die Genehmigung darf nur versagt werden, wenn Erfordernisse der Raumordnung und Landesplanung

9

der Aufforstung entgegenstehen und ihnen nicht durch Auflagen entsprochen werden kann. § 9 Abs. 1 Satz 2 gilt entsprechend.

(2) Die Länder können bestimmen, daß die Erstaufforstung

1.

keiner Genehmigung bedarf, wenn für eine Fläche auf Grund anderer öffentlich-rechtlicher Vorschriften die Aufforstung rechtsverbindlich festgesetzt worden ist oder Erfordernisse der Raumordnung und Landesplanung nicht berührt werden;

2.

weiteren Einschränkungen unterworfen oder auch untersagt wird.

-

§ 11 Bewirtschaftung des Waldes

(1) Der Wald soll im Rahmen seiner Zweckbestimmung ordnungsgemäß und nachhaltig bewirtschaftet werden. Durch Landesgesetz ist mindestens die Verpflichtung für alle Waldbesitzer zu regeln, kahlgeschlagene Waldflächen oder verlichtete Waldbestände in angemessener Frist

1.

wieder aufzuforsten oder

2.

zu ergänzen, soweit die natürliche Wiederbestockung unvollständig bleibt,

falls nicht die Umwandlung in eine andere Nutzungsart genehmigt worden oder sonst zulässig ist.

10

(2) Bei der Bewirtschaftung sollen

1.

die Funktion des Waldes als Archiv der Natur- und Kulturgeschichte sowie

2.

im Falle von Parkanlagen, Gartenanlagen und Friedhofsanlagen die denkmalpflegerischen Belange

angemessen berücksichtigt werden.

-

§ 12 Schutzwald

(1) Wald kann zu Schutzwald erklärt werden, wenn es zur Abwehr oder Verhütung von Gefahren, erheblichen Nachteilen oder erheblichen Belästigungen für die Allgemeinheit notwendig ist, bestimmte forstliche Maßnahmen durchzuführen oder zu unterlassen. Die Erklärung zu Schutzwald kommt insbesondere in Betracht zum Schutz gegen schädliche Umwelteinwirkungen im Sinne des Bundes-Immissionsschutzgesetzes vom 15. März 1974 (Bundesgesetzbl. I S. 721), Erosion durch Wasser und Wind, Austrocknung, schädliches Abfließen von Niederschlagswasser und Lawinen. § 10 des Bundesfernstraßengesetzes und § 51 Absatz 1 Satz 1 Nummer 3 des Wasserhaushaltsgesetzes bleiben unberührt.

(2) Einer Erklärung zu Schutzwald nach Absatz 1 bedarf es nicht, wenn die Schutzwaldeigenschaft unmittelbar auf Grund landesrechtlicher Vorschriften gegeben ist.

(3) Ein Kahlhieb oder eine diesem in der Wirkung gleichkommende Lichthauung bedarf im Schutzwald der Genehmigung der nach Landesrecht zuständigen Behörde. Die Genehmigung kann mit Auflagen verbunden werden, soweit dies zur Erhaltung der Funktionen des Waldes erforderlich ist.

(4) Das Nähere regeln die Länder. Sie können durch weitergehende Vorschriften den Waldbesitzer verpflichten, bestimmte Maßnahmen im Schutzwald zu unterlassen oder durchzuführen.

-

§ 13 Erholungswald

(1) Wald kann zu Erholungswald erklärt werden, wenn es das Wohl der Allgemeinheit erfordert, Waldflächen für Zwecke der Erholung zu schützen, zu pflegen oder zu gestalten.

(2) Das Nähere regeln die Länder. Sie können insbesondere Vorschriften erlassen über

1.

die Bewirtschaftung des Waldes nach Art und Umfang;

2.

die Beschränkung der Jagdausübung zum Schutz der Waldbesucher;

3.

die Verpflichtung der Waldbesitzer, den Bau, die Errichtung und die Unterhaltung von Wegen, Bänken, Schutzhütten und ähnlichen Anlagen oder Einrichtungen und die Beseitigung von störenden

Anlagen oder Einrichtungen zu dulden;

4.

das Verhalten der Waldbesucher.

-

§ 14 Betreten des Waldes

(1) Das Betreten des Waldes zum Zwecke der Erholung ist gestattet. Das Radfahren, das Fahren mit Krankenfahrstühlen und das Reiten im Walde ist nur auf Straßen und Wegen gestattet. Die Benutzung geschieht auf eigene Gefahr. Dies gilt insbesondere für waldtypische Gefahren.

(2) Die Länder regeln die Einzelheiten. Sie können das Betreten des Waldes aus wichtigem Grund, insbesondere des Forstschutzes, der Wald- oder Wildbewirtschaftung, zum Schutz der Waldbesucher oder zur Vermeidung erheblicher Schäden oder zur Wahrung anderer schutzwürdiger Interessen des Waldbesitzers, einschränken und andere Benutzungsarten ganz oder teilweise dem Betreten gleichstellen.

Drittes Kapitel
Forstwirtschaftliche Zusammenschlüsse

Abschnitt I
Allgemeine Vorschrift

-

13

§ 15 Arten der forstwirtschaftlichen Zusammenschlüsse

Forstwirtschaftliche Zusammenschlüsse im Sinne dieses Gesetzes
sind anerkannte Forstbetriebsgemeinschaften (Abschnitt II),
Forstbetriebsverbände (Abschnitt III) und anerkannte
Forstwirtschaftliche Vereinigungen (Abschnitt IV).

Abschnitt II
Forstbetriebsgemeinschaften

-

§ 16 Begriff

Forstbetriebsgemeinschaften sind privatrechtliche Zusammenschlüsse
von Grundbesitzern, die den Zweck verfolgen, die Bewirtschaftung der
angeschlossenen Waldflächen und der zur Aufforstung bestimmten
Grundstücke (Grundstücke) zu verbessern, insbesondere die Nachteile
geringer Flächengröße, ungünstiger Flächengestalt, der
Besitzzersplitterung, der Gemengelage, des unzureichenden
Waldaufschlusses oder anderer Strukturmängel zu überwinden.

-

§ 17 Aufgaben der Forstbetriebsgemeinschaft

Die Forstbetriebsgemeinschaft muß mindestens eine der folgenden
Maßnahmen zur Aufgabe haben:

1.

Abstimmung der Betriebspläne oder Betriebsgutachten und der

Wirtschaftspläne sowie der einzelnen forstlichen Vorhaben;

2.

Abstimmung der für die forstwirtschaftliche Erzeugung wesentlichen Vorhaben und Absatz des Holzes oder sonstiger Forstprodukte;

3.

Ausführung der Forstkulturen, Bodenverbesserungen und Bestandspflegearbeiten einschließlich des Forstschutzes;

4.

Bau und Unterhaltung von Wegen;

5.

Durchführung des Holzeinschlags, der Holzaufarbeitung und der Holzbringung;

6.

Beschaffung und Einsatz von Maschinen und Geräten für mehrere der unter den Nummern 2 bis 5 zusammengefaßten Maßnahmen.

-

§ 18 Anerkennung

(1) Eine Forstbetriebsgemeinschaft wird von der nach Landesrecht zuständigen Behörde auf Antrag anerkannt, wenn sie folgende Voraussetzungen erfüllt:

1.

Sie muß eine juristische Person des Privatrechts sein;

2.

sie muß nach Größe, Lage und Zusammenhang aller angeschlossenen Grundstücke eine wesentliche Verbesserung der Bewirtschaftung ermöglichen;

3.

die Satzung oder der Gesellschaftsvertrag muß Bestimmungen enthalten über

a)

    die Aufgabe;

b)

    die Finanzierung der Aufgabe;

c)

    das Recht und die Pflicht der Forstbetriebsgemeinschaft, über die Erfüllung der Aufgabe zu wachen;

d)

    Ordnungsmittel oder Vertragsstrafen bei schuldhaftem Verstoß gegen wesentliche Mitgliedschaftspflichten;

e)

    die Verpflichtung der Mitglieder, das zur Veräußerung bestimmte Holz ganz oder teilweise durch die Forstbetriebsgemeinschaft zum Verkauf anbieten zu lassen, sofern sie den Absatz des Holzes zur Aufgabe hat.

4.

Wird die Rechtsform der Genossenschaft oder des rechtsfähigen Vereins mit wirtschaftlichem Geschäftsbetrieb gewählt, so muß die Satzung ferner bestimmen:

a)

die Voraussetzungen für Erwerb und Verlust der Mitgliedschaft, wobei die Mitgliedschaft frühestens zum Schluß des dritten vollen Geschäftsjahres gekündigt werden kann und die Kündigungsfrist mindestens ein Jahr betragen muß;

b)

die Organe, ihre Aufgaben und die Art der Beschlußfassung. Dabei muß bestimmt sein, daß Beschlüsse über Art und Umfang der durchzuführenden forstlichen Maßnahmen sowie über gemeinsame Verkaufsregeln, soweit nicht die Beschlußfassung darüber nach der Satzung dem Vorstand zusteht, durch die General- oder Mitgliederversammlung zu fassen sind und einer Mehrheit von zwei Dritteln der Stimmen bedürfen;

5.

wird die Rechtsform einer Kapitalgesellschaft gewählt, so muß gewährleistet sein, daß die Gesellschafter die Aufgabe mindestens drei volle Geschäftsjahre lang gemeinsam verfolgen;

6.

sie muß mindestens sieben Mitglieder umfassen;

7.

sie muß einen wesentlichen Wettbewerb auf dem Holzmarkt bestehen lassen.

(2) Die Verpflichtung nach Absatz 1 Nr. 3 Buchstabe e gilt nicht für die Holzmenge, für die Mitglieder vor ihrem Beitritt Kaufverträge abgeschlossen haben; sie haben die Forstbetriebsgemeinschaft über

17

Umfang und Dauer dieser Verträge vor dem Beitritt zu unterrichten.

(3) Gehören einer Forstbetriebsgemeinschaft Gemeinschaftsforsten an, so kann sie anerkannt werden, wenn sie weniger als sieben Mitglieder umfaßt.

-

§ 19 Verleihung der Rechtsfähigkeit an Vereine

Hat der forstwirtschaftliche Zusammenschluß die Rechtsform des rechtsfähigen Vereins mit wirtschaftlichem Geschäftsbetrieb gewählt, so kann ihm durch die für die Anerkennung zuständige Behörde gleichzeitig mit der Anerkennung die Rechtsfähigkeit nach § 22 des Bürgerlichen Gesetzbuchs verliehen werden.

-

§ 20 Widerruf der Anerkennung

Die nach Landesrecht zuständige Behörde kann die Anerkennung widerrufen, wenn eine Anerkennungsvoraussetzung nicht mehr vorliegt oder wenn die Forstbetriebsgemeinschaft ihre Aufgabe während eines längeren Zeitraumes nicht oder unzulänglich erfüllt hat.

Abschnitt III
Forstbetriebsverbände

-

§ 21 Begriff und Aufgabe

(1) Forstbetriebsverbände sind Zusammenschlüsse von Grundstückseigentümern in der Form von Körperschaften des öffentlichen Rechts, die den in § 16 bezeichneten Zweck verfolgen.

(2) Für die Aufgabe gilt § 17 entsprechend. Sie kann nicht auf die gemeinschaftliche Durchführung einheitlicher Betriebspläne erstreckt werden.

-

§ 22 Voraussetzungen für die Bildung eines Forstbetriebsverbandes

(1) Ein Forstbetriebsverband kann nur für forstwirtschaftlich besonders ungünstig strukturierte Gebiete gebildet werden.

(2) Weitere Voraussetzungen sind, daß

1.

   der Zusammenschluß nach Größe, Lage und Zusammenhang der in Betracht kommenden Grundstücke eine wesentliche Verbesserung der Bewirtschaftung ermöglicht;

2.

   der Zusammenschluß einen wesentlichen Wettbewerb auf dem Holzmarkt bestehen läßt;

3.

   mindestens zwei Drittel der Grundstückseigentümer, die zugleich mindestens zwei Drittel der Fläche vertreten, der Bildung zustimmen;

4.

19

eine an alle betroffenen Grundstückseigentümer gerichtete Aufforderung der nach Landesrecht zuständigen Behörde, eine Forstbetriebsgemeinschaft (Abschnitt II) zu gründen, ohne Erfolg geblieben ist.

(3) Bei der Aufforderung nach Absatz 2 Nr. 4 hat die Behörde eine Frist zu setzen. Die Frist soll in der Regel ein Jahr betragen und darf zwei Jahre nicht überschreiten.

(4) Grundstücke, die besonderen öffentlichen Zwecken dienen oder zu dienen bestimmt sind, können nur mit Einwilligung der Nutzungsberechtigten in einen Forstbetriebsverband einbezogen werden.

-

§ 23 Bildung eines Forstbetriebsverbands

(1) Zur Bildung eines Forstbetriebsverbandes hält die nach Landesrecht zuständige Behörde eine einleitende Versammlung ab, stellt einen Satzungsentwurf und ein vorläufiges Verzeichnis der beteiligten Grundstücke und ihrer Eigentümer auf und beruft die Gründungsversammlung ein.

(2) Die Satzung bedarf der Genehmigung der nach Landesrecht zuständigen Behörde.

(3) Der Forstbetriebsverband entsteht mit der öffentlichen Bekanntmachung der Satzung.

(4) Die Landesregierungen werden ermächtigt, Einzelheiten des Gründungsverfahrens, der Genehmigung und Bekanntmachung der Satzung durch Rechtsverordnung zu regeln. Die Landesregierungen

20

können diese Ermächtigung auf oberste Landesbehörden übertragen.

-

§ 24 Mitgliedschaft

(1) Mitglieder eines Forstbetriebsverbands sind die Eigentümer der beteiligten Grundstücke. Ist ein anderer als der Eigentümer Nutzungsberechtigter, so kann er für die Dauer seines Nutzungsrechts mit Einverständnis des Eigentümers dessen Rechte und Pflichten übernehmen. Die Übernahme der Rechte und Pflichten ist ebenso wie das Einverständnis des Eigentümers schriftlich gegenüber dem Forstbetriebsverband zu erklären.

(2) Die Satzung kann den Beitritt weiterer Mitglieder zulassen.

-

§ 25 Satzung

(1) Die Satzung wird von den Mitgliedern mit der in § 22 Abs. 2 Nr. 3 bezeichneten Mehrheit beschlossen.

(2) Die Satzung des Forstbetriebsverbands muß Vorschriften enthalten über:

1.

seinen Namen und seinen Sitz;

2.

seine Aufgabe;

3.

die Rechte und Pflichten der Mitglieder;

4.

das Stimmrecht der Mitglieder;

5.

seine Verfassung, seine Verwaltung und seine Vertretung;

6.

den Maßstab für die Umlagen und die Bemessungsgrundlage für
Beiträge;

7.

das Haushaltswesen, die Wirtschafts- und Kassenführung sowie
die Rechnungsführung;

8.

die Verwendung des Vermögens bei Auflösung des
Forstbetriebsverbands.

(3) Die Vorschriften des § 18 Abs. 1 Nr. 3 Buchstabe e und Absatz 2
gelten entsprechend.

-

§ 26 Organe des Forstbetriebsverbands

Organe des Forstbetriebsverbandes sind die Verbandsversammlung,
der Vorstand und, sofern es die Satzung vorsieht, der
Verbandsausschuß.

-

§ 27 Aufgaben der Verbandsversammlung

Die Verbandsversammlung wählt den Vorstand und dessen

Vorsitzenden. Sie beschließt über

1.

　　die Höhe der Umlagen und Beiträge;

2.

　　den Haushaltsplan, die Jahresrechnung und die Verwendung von
　　Erträgen;

3.

　　die Entlastung des Vorstands;

4.

　　die Änderung der Satzung;

5.

　　den Erwerb, die Veräußerung und die Belastung von
　　Grundstücken durch den Forstbetriebsverband;

6.

　　die Auflösung des Forstbetriebsverbands;

7.

　　die ihr in der Satzung zugewiesenen Angelegenheiten.

-

§ 28 Vorsitz in der Verbandsversammlung, Einberufung und
Stimmenverhältnis

(1) Den Vorsitz in der Verbandsversammlung führt der Vorsitzende des
Vorstands.

(2) Der Vorsitzende hat die Verbandsversammlung jährlich mindestens
einmal einzuberufen. Er muß sie einberufen, wenn dies von

23

mindestens zwei Zehnteln der Mitglieder oder von der Aufsichtsbehörde schriftlich unter Angabe der Tagesordnung verlangt wird.

(3) Das Stimmrecht der Mitglieder ist nach der Größe ihrer Grundstücke in der Satzung festzulegen. Jedes Mitglied hat mindestens eine Stimme. Kein Mitglied darf mehr als zwei Fünftel der Gesamtstimmen haben. Die Verbandsversammlung beschließt mit Mehrheit der abgegebenen Stimmen, soweit in diesem Gesetz oder in der Satzung nichts anderes bestimmt ist.

-

§ 29 Vorstand

(1) Der Vorstand des Forstbetriebsverbands besteht aus dem Vorsitzenden und mindestens zwei weiteren Mitgliedern.

(2) Der Vorstand führt die Geschäfte des Verbands. Er vertritt ihn gerichtlich und außergerichtlich.

-

§ 30 Verbandsausschuß

In der Satzung kann bestimmt werden, daß ein Verbandsausschuß gebildet wird. Diesem können in der Satzung unbeschadet des § 27 Angelegenheiten von geringerer Bedeutung zur Beschlußfassung zugewiesen werden. Ferner kann bestimmt werden, daß der Verbandsausschuß bei bestimmten Verwaltungsaufgaben des Vorstands mitwirkt.

§ 31 Änderung der Satzung

(1) Über eine Änderung der Satzung beschließt die Verbandsversammlung mit einer Mehrheit von mindestens zwei Dritteln der Stimmen aller Mitglieder.

(2) Die Satzungsänderung bedarf der Genehmigung der nach Landesrecht zuständigen Behörde. Die Änderung wird mit ihrer öffentlichen Bekanntmachung wirksam.

-

§ 32 Ausscheiden von Grundstücken

(1) Grundstücke, deren forstwirtschaftliche Nutzung oder Bestimmung sich auf Grund einer Rechtsvorschrift oder einer behördlichen Anordnung oder Erlaubnis endgültig ändert, scheiden aus dem Verbandswald mit der Beendigung der Umwandlung aus.

(2) Im übrigen bedarf das Ausscheiden eines Grundstücks aus dem Verbandswald der Genehmigung der nach Landesrecht zuständigen Behörde. Die Genehmigung darf nur erteilt werden, wenn ein wichtiger Grund vorliegt. Sie ist zu versagen, wenn das Ausscheiden die Durchführung der Aufgabe des Forstbetriebsverbands gefährden würde. Für die in § 22 Abs. 4 bezeichneten Grundstücke ist die Genehmigung zu erteilen, wenn die Nutzungsberechtigten es verlangen.

-

25

§ 33 Umlage, Beiträge

(1) Der Forstbetriebsverband erhebt von den Mitgliedern eine Umlage, soweit seine sonstigen Einnahmen nicht ausreichen, um seinen Finanzbedarf zu decken. Die Umlage soll regelmäßig nach der Größe der zum Forstbetriebsverband gehörenden Grundstücke bemessen werden. Ein anderer Maßstab kann zugrunde gelegt werden, wenn dies angemessen ist.

(2) Der Forstbetriebsverband kann von den Mitgliedern für bestimmte Zwecke oder Leistungen Beiträge erheben.

-

§ 34 Aufsicht

(1) Der Forstbetriebsverband unterliegt der Aufsicht der nach Landesrecht zuständigen Behörde. Er bedarf der Genehmigung der Aufsichtsbehörde

1.

    zur Veräußerung und Belastung von Grundstücken und grundstücksgleichen Rechten;

2.

    zur Aufnahme von Darlehen und zur Übernahme von Bürgschaften.

(2) Im übrigen bestimmt sich die Aufsicht über den Forstbetriebsverband nach Landesrecht. Die Landesregierungen werden ermächtigt, durch Rechtsverordnung die Befugnisse der Aufsichtsbehörde im einzelnen zu regeln; sie können diese

Ermächtigungen auf oberste Landesbehörden übertragen.

-

§ 35 Verbandsverzeichnis

Der Forstbetriebsverband führt ein Verzeichnis der beteiligten Grundstücke, der Eigentümer und ihrer Stimmrechte. Die Landesregierungen werden ermächtigt, durch Rechtsverordnung Näheres über die Anlegung und Führung des Verbandsverzeichnisses zu bestimmen. Die Landesregierungen können diese Ermächtigung auf oberste Landesbehörden übertragen.

-

§ 36 Auflösung des Forstbetriebsverbandes

(1) Die Verbandsversammlung kann mit einer Mehrheit von mindestens drei Vierteln der Stimmen aller Mitglieder die Auflösung des Forstbetriebsverbands beschließen.

(2) Der Beschluß bedarf der Genehmigung der nach Landesrecht zuständigen Behörde.

Abschnitt IV
Forstwirtschaftliche Vereinigungen

-

§ 37 Begriff und Aufgabe

(1) Forstwirtschaftliche Vereinigungen sind privatrechtliche

Zusammenschlüsse von

anerkannten Forstbetriebsgemeinschaften,

Forstbetriebsverbänden oder

nach Landesrecht gebildeten Waldwirtschaftsgenossenschaften oder

ähnlichen Zusammenschlüssen einschließlich der

Gemeinschaftsforsten

zu dem ausschließlichen Zweck, auf die Anpassung der

forstwirtschaftlichen Erzeugung und des Absatzes von

Forsterzeugnissen an die Erfordernisse des Marktes hinzuwirken.

(2) Forstwirtschaftliche Vereinigungen dürfen nur folgende

Maßnahmen zur Aufgabe haben:

1.

Unterrichtung und Beratung der Mitglieder sowie Beteiligung an

der forstlichen Rahmenplanung;

2.

Koordinierung des Absatzes;

3.

marktgerechte Aufbereitung und Lagerung der Erzeugnisse;

4.

Vermarktung der Erzeugnisse der Mitglieder;

5.

Beschaffung und Einsatz von Maschinen und Geräten.

-

§ 38 Anerkennung

(1) Eine Forstwirtschaftliche Vereinigung wird durch die nach Landesrecht zuständige Behörde auf Antrag anerkannt, wenn sie folgende Voraussetzungen erfüllt:

1.

Sie muß eine juristische Person des Privatrechts sein;

2.

sie muß geeignet sein, auf die Anpassung der forstwirtschaftlichen Erzeugung und des Absatzes von Forsterzeugnissen nachhaltig hinzuwirken;

3.

ihre Satzung oder ihr Gesellschaftsvertrag muß Bestimmungen enthalten über

a)

ihre Aufgabe;

b)

die Finanzierung der Aufgabe;

4.

sie muß einen wesentlichen Wettbewerb auf dem Holzmarkt bestehen lassen.

(2) Die nach Landesrecht zuständige Behörde kann den Beitritt einzelner Grundbesitzer, die nicht Mitglied einer Forstbetriebsgemeinschaft oder eines Forstbetriebsverbands sein können, zu der Forstwirtschaftlichen Vereinigung zulassen.

(3) Die §§ 19 und 20 gelten entsprechend.

Abschnitt V
Ergänzende Vorschriften

§ 39 Sonstige Zusammenschlüsse in der Forstwirtschaft

(1) Die nach der Verordnung über die Bildung wirtschaftlicher Zusammenschlüsse in der Forstwirtschaft vom 7. Mai 1943 (Reichsgesetzbl. I S. 298) gebildeten Forstverbände stehen den Forstbetriebsverbänden gleich, soweit deren Zweck sich nicht ganz oder überwiegend auf die Einstellung von Personal beschränkt.

(2) Sofern die in Absatz 1 genannten Forstbetriebsverbände ihre Satzung nicht den Vorschriften des Gesetzes über forstwirtschaftliche Zusammenschlüsse vom 1. September 1969 (Bundesgesetzbl. I S. 1543), zuletzt geändert durch das Einführungsgesetz zum Strafgesetzbuch vom 2. März 1974 (Bundesgesetzbl. I S. 469), fristgerecht angepaßt haben, kann die nach Landesrecht zuständige Behörde eine mit § 25 in Einklang stehende Satzung erlassen.

(3) Die nach Landesrecht bisher anerkannten forstwirtschaftlichen Zusammenschlüsse des privaten Rechts stehen den anerkannten Forstbetriebsgemeinschaften gleich, bis sie nach § 18 ausdrücklich anerkannt sind, längstens jedoch vier Jahre nach Inkrafttreten dieses Gesetzes. Das gleiche gilt für nicht förmlich anerkannte Zusammenschlüsse des privaten Rechts und für Grundbesitzer, die mit einer Forstbehörde Verträge über gemeinschaftliche Betreuung abgeschlossen haben, wenn die nach Landesrecht zuständige

Behörde feststellt, daß diese bisher mindestens die Voraussetzungen des § 17 und des § 18 Abs. 1 Nr. 2, 6 und 7 erfüllt haben und förderungswürdig sind.

(4) Im übrigen bleiben die landesrechtlichen Vorschriften über Zusammenschlüsse in der Forstwirtschaft unberührt.

-

§ 40 Befreiung von Vorschriften des Gesetzes gegen Wettbewerbsbeschränkungen

(1) § 1 des Gesetzes gegen Wettbewerbsbeschränkungen findet keine Anwendung auf Beschlüsse von Vereinigungen forstwirtschaftlicher Erzeugerbetriebe, von anerkannten Forstbetriebsgemeinschaften, von Forstbetriebsverbänden und von forstwirtschaftlichen Vereinigungen, soweit sie die forstwirtschaftliche Erzeugung und den Absatz von Forsterzeugnissen betreffen. Das gleiche gilt für die nach Landesrecht gebildeten öffentlich-rechtlichen Waldwirtschaftsgenossenschaften und ähnliche Zusammenschlüsse in der Forstwirtschaft, sofern sie einen wesentlichen Wettbewerb auf dem Holzmarkt bestehen lassen.

(2) Eine anerkannte Forstwirtschaftliche Vereinigung im Sinne dieses Gesetzes darf ihre Mitglieder bei der Preisbildung beraten und zu diesem Zweck gegenüber ihren Mitgliedern Preisempfehlungen aussprechen.

(3) Im übrigen bleiben die Vorschriften des Gesetzes gegen Wettbewerbsbeschränkungen unberührt.

(4) Als Vereinigungen forstwirtschaftlicher Erzeugerbetriebe sind Waldwirtschaftsgemeinschaften, Waldwirtschaftsgenossenschaften,

Forstverbände, Eigentumsgenossenschaften und ähnliche Vereinigungen anzusehen, deren Wirkungskreis nicht wesentlich über das Gebiet einer Gemarkung oder einer Gemeinde hinausgeht und die zur gemeinschaftlichen Durchführung forstbetrieblicher Maßnahmen gebildet werden oder gebildet worden sind.

Viertes Kapitel
Förderung der Forstwirtschaft, Auskunftspflicht

-

§ 41 Förderung

(1) Die Forstwirtschaft soll wegen der Nutz-, Schutz- und Erholungsfunktionen des Waldes nach § 1 öffentlich gefördert werden.

(2) Die Förderung soll insbesondere auf die Sicherung der allgemeinen Bedingungen für die Wirtschaftlichkeit von Investitionen zur Erhaltung und nachhaltigen Bewirtschaftung des Waldes gerichtet sein. Zu diesem Zweck ist die Forstwirtschaft unter Berücksichtigung ihrer naturbedingten und wirtschaftlichen Besonderheiten vor allem mit den Mitteln der Wirtschafts-, Verkehrs-, Agrar-, Sozial- und Steuerpolitik in den Stand zu setzen, den Wald unter wirtschaftlich angemessenen Bedingungen zu nutzen und zu erhalten.

(3) Die Bundesregierung berichtet dem Deutschen Bundestag in dem Bericht nach § 4 des landwirtschaftsgesetzes vom 5. September 1955 (Bundesgesetzbl. I S. 565) auf Grund der Wirtschaftsergebnisse der Staatsforstverwaltungen und der Forstbetriebsstatistik über die Lage und Entwicklung der Forstwirtschaft und der Struktur der Holzwirtschaft

des Bundesgebiets sowie über die zur Förderung der Forstwirtschaft erforderlichen Maßnahmen. Dieser Bericht erstreckt sich auch auf die Belastungen aus der Schutz- und Erholungsfunktion.

(4) Der Bund beteiligt sich an der finanziellen Förderung der Forstwirtschaft nach dem Gesetz über die Gemeinschaftsaufgabe "Verbesserung der Agrarstruktur und des Küstenschutzes" vom 3. September 1969 (Bundesgesetzbl. I S. 1573), geändert durch das Gesetz zur Änderung der Gesetze über die Gemeinschaftsaufgaben vom 23. Dezember 1971 (Bundesgesetzbl. I S. 2140).

(5) Staatliche Zuwendungen auf Grund des in Absatz 4 genannten Gesetzes können erhalten:

1.

forstwirtschaftliche Zusammenschlüsse im Sinne dieses Gesetzes und nach § 39 gleichgestellte sonstige Zusammenschlüsse in der Forstwirtschaft sowie die nach Landesrecht gebildeten öffentlich-rechtlichen Waldwirtschaftsgenossenschaften und ähnliche Zusammenschlüsse einschließlich der Gemeinschaftsforsten, sofern ihre Aufgabe sich auf die Verbesserung der forstwirtschaftlichen Erzeugung oder die Förderung des Absatzes von Forsterzeugnissen erstreckt und sie einen wesentlichen Wettbewerb auf dem Holzmarkt bestehen lassen;

2.

Inhaber land- oder forstwirtschaftlicher Betriebe oder Grundbesitzer, soweit ihre forstlichen Vorhaben nicht über forstwirtschaftliche Zusammenschlüsse gefördert werden.

-

§ 41a Walderhebungen

(1) Zur Erfüllung der Aufgaben dieses Gesetzes sowie zur Durchführung von Rechtsakten der Europäischen Union oder völkerrechtlich verbindlicher Vereinbarungen im Anwendungsbereich dieses Gesetzes ist vorbehaltlich des Absatzes 3 alle zehn Jahre eine auf das gesamte Bundesgebiet bezogene forstliche Großrauminventur auf Stichprobenbasis (Bundeswaldinventur) durchzuführen. Sie soll einen Gesamtüberblick über die großräumigen Waldverhältnisse und forstlichen Produktionsmöglichkeiten liefern. Die hierzu erforderlichen Messungen und Beschreibungen des Waldzustandes (Grunddaten) sind nach einem einheitlichen Verfahren vorzunehmen. Dabei ist auf die Verwertbarkeit der Grunddaten auch im Rahmen der Beobachtung nach § 6 Bundesnaturschutzgesetz zu achten.

(2) Die Länder erheben die in Absatz 1 genannten Grunddaten; das Bundesministerium für Ernährung, Landwirtschaft und Verbraucherschutz stellt sie zusammen und wertet sie aus.

(3) Zur Erfüllung von Berichtspflichten, die auf Grund verbindlicher völkerrechtlicher Vereinbarungen zum Schutz des Klimas bestehen, erhebt das Bundesministerium für Ernährung, Landwirtschaft und Verbraucherschutz soweit erforderlich in den Jahren zwischen zwei Bundeswaldinventuren Daten zum Kohlenstoffvorrat im Wald.

(4) Die mit der Vorbereitung und Durchführung der in den Absätzen 1, 3 und in Rechtsverordnungen nach Absatz 6 genannten forstlichen Erhebungen beauftragten Personen sind berechtigt, zur Erfüllung ihres Auftrages Grundstücke zu betreten sowie die erforderlichen Datenerhebungen und Probenahmen auf diesen Grundstücken

durchzuführen.

(5) Das Bundesministerium für Ernährung, Landwirtschaft und
Verbraucherschutz wird ermächtigt, durch Rechtsverordnung mit
Zustimmung des Bundesrates nähere Vorschriften über das für die
Bundeswaldinventur anzuwendende Stichprobenverfahren und die zu
ermittelnden Grunddaten zu erlassen.

(6) Das Bundesministerium für Ernährung, Landwirtschaft und
Verbraucherschutz kann durch Rechtsverordnung mit Zustimmung des
Bundesrates vorsehen, dass Daten

1.

   zur Nährstoffversorgung und Schadstoffbelastung der Waldböden
   (Bodenzustandserhebung),

2.

   zur Vitalität der Wälder,

3.

   zu Wirkungszusammenhängen in Waldökosystemen

erhoben werden können und dabei nähere Vorschriften über den
Zeitpunkt, die anzuwendenden Verfahren und die zu ermittelnden
Grunddaten erlassen. Im Falle einer Rechtsverordnung nach Satz 1 gilt
Absatz 2 entsprechend.

-

§ 42 Auskunftspflicht

(1) Natürliche und juristische Personen und nicht rechtsfähige
Personenvereinigungen haben den zuständigen Behörden auf

Verlangen die Auskünfte zu erteilen, die zur Durchführung der den Behörden durch dieses Gesetz oder auf Grund dieses Gesetzes übertragenen Aufgaben erforderlich sind.

(2) Der Auskunftspflichtige kann die Auskunft auf solche Fragen verweigern, deren Beantwortung ihn selbst oder einen der in § 383 Abs. 1 bis 3 der Zivilprozeßordnung bezeichneten Angehörigen der Gefahr strafgerichtlicher Verfolgung oder eines Verfahrens nach dem Gesetz über Ordnungswidrigkeiten aussetzen würde.

-

§ 43 Verletzung der Auskunftspflicht

(1) Ordnungswidrig handelt, wer vorsätzlich oder fahrlässig entgegen § 42 Abs. 1 eine Auskunft nicht, nicht richtig, nicht vollständig oder nicht rechtzeitig erteilt.

(2) Die Ordnungswidrigkeit kann mit einer Geldbuße bis zu zehntausend Euro geahndet werden.

Fünftes Kapitel
Schlußvorschriften

-

§ 44 Allgemeine Verwaltungsvorschriften

Das Bundesministerium für Ernährung, Landwirtschaft und Verbraucherschutz erläßt mit Zustimmung des Bundesrates die zur Durchführung der §§ 15 bis 40 und 41a erforderlichen allgemeinen

Verwaltungsvorschriften.

-

§ 45 Anwendung des Gesetzes in besonderen Fällen

(1) Auf Flächen, die Zwecken

1.

der Verteidigung einschließlich des Schutzes der Zivilbevölkerung,

2.

der Bundespolizei oder

3.

des zivilen Luftverkehrs

dienen, sind die nach den §§ 6, 7 und 9 bis 13 dieses Gesetzes erlassenen Landesvorschriften nur anzuwenden, soweit dadurch die bestimmungsgemäße Nutzung nicht beeinträchtigt wird.

(2) Soll bei Vorhaben, die den in Absatz 1 Nr. 1 und 2 genannten Zwecken dienen, Wald in eine andere Nutzungsart umgewandelt werden (§ 9), eine Fläche erstmals aufgeforstet (§ 10), Schutzwald (§ 12) oder Erholungswald (§ 13) für die in Absatz 1 Nr. 1 und 2 genannten Zwecke verwendet werden, so ist die höhere Forstbehörde zu hören. Ist es erforderlich, von der Stellungnahme dieser Behörde abzuweichen, so entscheidet hierüber das zuständige Bundesministerium im Einvernehmen mit den beteiligten Bundesministerien und im Benehmen mit der nach Landesrecht zuständigen obersten Landesbehörde. Findet ein Anhörungsverfahren nach § 1 Landbeschaffungsgesetz, § 1 Schutzbereichsgesetz oder §

30 Abs. 3 Luftverkehrsgesetz statt, so sind die forstlichen Erfordernisse in diesem Verfahren abschließend zu erörtern.

(3) Behörden des Bundes und der bundesunmittelbaren Körperschaften, Anstalten und Stiftungen des öffentlichen Rechts haben bei Planungen und Maßnahmen, die eine Inanspruchnahme von Waldflächen vorsehen oder die in ihren Auswirkungen Waldflächen betreffen können, die Vorschriften des § 8 zu beachten.

(4) Die Absätze 1 und 2 gelten nicht im Land Berlin.

-

§ 46 Änderung von Vorschriften

-

-

§ 47

(weggefallen)

-

§ 48 Inkrafttreten, Aufhebung von Vorschriften

(1) Dieses Gesetz tritt am Tage nach der Verkündung in Kraft.

(2) Gleichzeitig treten folgende Vorschriften außer Kraft:

1.

das Gesetz über forstwirtschaftliche Zusammenschlüsse vom 1. September 1969 (Bundesgesetzblatt I S. 1543), zuletzt geändert durch das Einführungsgesetz zum Strafgesetzbuch vom 2. März

1974 (Bundesgesetzbl. I S. 469);

2.

die Verordnung zur Förderung der Forst- und der Weidewirtschaft vom 7. Februar 1924 (Reichsgesetzbl. I S. 50);

3.

das Gesetz gegen Waldverwüstung vom 18. Januar 1934 (Reichsgesetzbl. I S. 37), geändert durch das Einführungsgesetz zum Gesetz über Ordnungswidrigkeiten vom 24. Mai 1968 (Bundesgesetzbl. I S. 503);

4.

die Verordnung zur Verhütung und Bekämpfung von Waldbränden in den nicht im Eigentum des Reichs oder der Länder stehenden Waldungen vom 18. Juni 1937 (Reichsgesetzbl. I S. 721);

5.

die Verordnung zur Förderung der Nutzholzgewinnung vom 30. Juli 1937 (Reichsgesetzbl. I S. 876).

www.ingramcontent.com/pod-product-compliance
Lightning Source LLC
Chambersburg PA
CBHW071020180526
45168CB00003B/1500